WOLFGANG AMADEUS MOZART

CW01583345

CONC

for Bassoon
für Fagott ...
B♭ major/B-Dur/Si♭ majeur
K 191

Edited by/Herausgegeben von
Viktor Junk

Ernst Eulenburg Ltd
London · Mainz · Madrid · New York · Paris · Tokyo · Toronto · Zürich

MOZART, BASSOON CONCERTO (K.191)

So far as can be traced Mozart composed not less than 4 Bassoon Concerti. The one we are now dealing with is the earliest of them, and was completed 4th June, 1774, at Salzburg. The work was suggested by Freiherr Thaddäus von Dürnitz, with whom Mozart became acquainted in 1775 at München, and who asked well-known composers of his time to write pieces for the Bassoon, which instrument he played himself as an enthusiastic amateur. Mozart wrote, apart from a sonata, composed in 1777, three further Concertos for Bassoon, 2 in Bb, and one in C. They were lost for a long time, but handwritten parts of one of them, in Bb, were discovered some 15 years ago in a Berlin secondhand dealer's shop, and the work was edited in 1934 by Max Seiffert and published in the Litolff edition.

Unfortunately the MS. of the present Concerto has disappeared. It was once in the possession of André, and contained the remark: "a Salisburgo li 4 di Giugno 1774." André's printed catalogue does not now contain any reference to the original MS or its whereabouts. We, therefore, have to rely on the oldest printed parts available, issued in 1801 and again in 1805 by Jean André Offenbach. They bear the publishers' Nos. 355 and 2150, and the title: "Concerto pour le Basson, avec accompagnement de deux Violons, Alto Basse, deux Haut-bois et Cors composé par W. A. Mozart. Oeuvre 96."

Seiffert states that "the two Bb major Concertos (this and the one edited by him) are of virtuoso standard within the limits fixed by the instrument of Mozart's day. From the point of view of contents and formal construction these two concertos reveal the inexhaustible many-sidedness of Mozart's art." Seiffert, in comparing the two concertos, admits that the middle movement of the present concerto is superior to that of the one found by him, owing to its depth and the richness of its solo cantilene.

VIKTOR JUNK

MOZART, FAGOTT-KONZERT (K.-V. No. 191)

Mozart scheint nicht weniger als vier Konzerte für Fagott geschrieben zu haben. Das hier veröffentlichte ist das älteste davon, es wurde am 4. Juni 1774 in Salzburg beendet. Angeregt durch den Freiherrn Thaddäus von Dürnitz, den Mozart 1775 in München kennenlernte und der sich von namhaften Komponisten seiner Zeit Stücke für Fagott komponieren ließ, das er als eifriger Dilettant selbst blies, entstanden dann außer einer 1777 komponierten Sonate noch drei Konzerte für Fagott, zwei in B-dur (wie das vorliegende) und eines in C-dur. Sie waren lange Zeit verschollen; eines davon, in B-dur, fand sich vor etwa 15 Jahren in einem Berliner Antiquariat in handgeschriebenen zeitgenössischen Stimmen vor und wurde von Max Seiffert 1934 bei Litolff herausgegeben.

Verschollen blieb bis heute leider auch die Handschrift des hier veröffentlichten Konzerts. Sie war einst im Besitze Andrés und trug den Vermerk „a Salisburgo li 4 di Giugno 1774". Schon in Andrés gedrucktem Verzeichnis ist keine Notiz mehr über die Originalhandschrift und ihren Verbleib zu finden. Wir sind daher auf die ältesten gedruckten Stimmen angewiesen, die 1801 und dann 1805 bei Jean André in Offenbach a/M erschienen. Sie tragen die Verlagsnummern 355, bzw. 2150, und den Titel „Concerto pour le Basson, avec accompagnement de deux Violons, Alto, Basse, deux Haut-bois et deux Cors composé par W. A. Mozart. Oeuvre 96".

Seiffert bemerkt zur Charakteristik der beiden B-dur-Konzerte (des hier vorliegenden und des von ihm veröffentlichten): „Die Gesamthaltung der beiden dreisätzigen Konzerte ist innerhalb der durch die Eigenart des Soloinstruments gesetzten Grenzen eine echt virtuose. Auf Gedankeninhalt und formalen Aufbau hin betrachtet, offenbart dies Konzertpaar bei aller Blutsverwandtschaft die unerschöpfliche Vielseitigkeit mozartischer Kunst" und Seiffert muß beim Vergleich der beiden untereinander zugeben, daß der Mittelsatz unsres Konzertes (Andante ma adagio) „mit der Eindringlichkeit und Vielfarbigkeit seiner Solokantilene fraglos überlegen" ist dem Mittelsatz des von ihm neu gefundenen Konzerts.

Die vorliegende Neuausgabe stützt sich auf den Vergleich der Partitur der Gesamtausgabe, Serie 12, Band 11, mit den alten Stimmen von 1805, die ich im Archiv der Gesellschaft der Musikfreunde in Wien heranziehen konnte. Der Druck dieser Stimmen ist nachlässig korrigiert worden; insbesondere sind die Phrasierungsbezeichnungen ungleichmäßig behandelt, sie weichen stellenweise sogar zwischen den einzelnen Streicherstimmen im gleichen Takt voneinander ab. Dynamische Zeichen fehlen wiederholt, nicht allein dort, wo sie sich (beim Wechsel von Tutti und Solo) von selbst verstehen, oder wo nach längerer Pausierung die Beibehaltung der zuletzt eingezeichneten Stärkevorschrift weitergilt.

Schwierigkeiten bereitet, wie immer bei Mozart, die alte Streitfrage der Vorschläge. Ich habe mich bei dieser Ausgabe an die alten Stimmen gehalten, die durchwegs kurze Vorschläge vorschreiben (bald als  bald als  notiert). Nur an den großen Schlußfällen (z. B. I. Satz, Takt 5, 39, 106) habe ich die heute üblichen langen Vorschläge eingezeichnet. Von späterer Hand sind in den von mir verglichenen alten Stimmen teilweise lange Vorschläge (zu Aufführungszwecken) ausgebessert; wir bleiben, wie gesagt, bei der Ausführungspraxis, die die gedruckten Stimmen von 1805 zeigen. An einer Stelle scheint es, (wenn hier nicht ein Zufall des Druckes mitspielt), daß der Gegensatz von kurzen und langen Vorschlägen in der Fagottsolostimme deutlich gemacht ist: nämlich in der Reprise der Solokantilene des Fagotts im Andante: das erstemal freilich (in Takt 7 und 8) ist auch hier der Unterschied verwischt, indem alle drei Vorschläge als kurze gedruckt sind, — bei der Repetition in Takt 28 und 29 dagegen tritt der Unterschied deutlich vor Augen; diese 2. Stelle lautet in der alten Solostimme:

Hier zeigt sich deutlich das Fallenlassen der Verschnörkelung und das Einlenken in die weiche Rundung der Gesangslinie vor dem endgültigen Schlußfall. Aus dem gleichen Prinzipe sollten vielleicht auch die beiden Stellen des I. Satzes: Takt 22 und 167 die weichere Spielart mit den langen Vorschlägen erhalten.

Im III. Satz müßte bei den Violinen und der Violastimme die Bezeichnung senza sordini stehen. Sie fehlt in den gedruckten Stimmen.

Im Einzelnen ergibt sich folgendes Bild der Abweichungen:

I. Satz.

Takt 5 notiert die 1. Violine den Vorschlag:  doch ist der Strich durch das Vorschlagssechzehntel (wie auch an andren Stellen) wegradiert.

Takt 11: das *p* steht in der 2. Hornstimme erst im folgenden Takt.

Takt 13: fehlen in der 1. Violine die Punkte über a und c.

Takt 14: fehlen in der 2. Violine die Punkte über b und g, sowie über as und f (während sie im nächsten Takt richtig angegeben sind).

Takt 22: fehlt in beiden Oboen- und beiden Hornstimmen das *f*.

Takt 24: fehlt in der 2. Violine das *p*.

Takt 25: steht das *f* in der 1. Violine schon beim 1. Viertel: in der 2. Violine fehlt es.

Takt 30: ist in der Viola verdruckt: 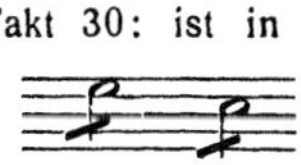 statt 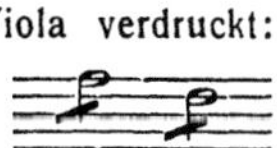

Takt 35 und 36: fehlen die Legato-Bogen in der Solostimme.

Takt 46: fehlt der Legato-Bogen über den beiden ersten Noten in der Violastimme; ebenso in Takt 113.

Takt 47: fehlt der Auflöser vor dem e in der Violastimme.

Takt 55: fehlt der Legato-Bogen von c zu cis in der Solostimme.

Takt 60: fehlen die Punkte über den 2 letzten Achteln in der 1. Violine.

Takt 69: fehlt das *p* in beiden Oboenstimmen.

Takt 70: steht das c r e s c. bloß in der 1. Oboenstimme. Das o s s i a fehlt in der Solostimme.

Takt 74: fehlt der Vorschlag im 2. Viertel der 1. Violine: 

Takt 80: notiert in der 1. Violinstimme ein *p* und fügt hinzu: S o l o. Der Legato-Bogen ist in beiden Violinstimmen über die drei ersten Noten gezogen:

 und 

In der Solostimme fehlt der Bogen über den letzten 3 Achteln.

Takt 89 bis 93 phrasieren in allen Streicherstimmen, wie hier angegeben (entgegengesetzt der G. A.)

Takt 89: steht irrtümlich ein Legato-Bogen über den beiden ersten Sechzehnteln in der Violastimme:

Takt 92: fehlen die Stakkato-Punkte in der Solostimme.

Takt 93: fehlt in der 2. Violinstimme der Bogen überhaupt.

Takt 96: phrasiert die 1. Oboenstimme:

die 2. dagegen: 

Takt 101: notiert das 2. Viertel in der 2. Violinstimme irrtümlich Zweiunddreißigstelnoten: 

Takt 102: steht das *p* in beiden Violinstimmen erst beim 2. Viertel; in der Solostimme steht fälschlich T u t t i.

Takt 103: fehlt der Legato-Bogen über d-b in der Solostimme.

Takt 107: notiert die Solostimme das 3. Viertel: 

Takt 112: steht das *p* in der 1. Violinstimme erst beim 2. Achtel.

Takt 119: ist die Phrasierung wieder in allen Stimmen die gleiche wie in Takt 89—93 (s. d.). In der Violastimme fehlt das *p*.

Takt 124: fehlt der Triller auf dem 2. Viertel in der Solostimme.

Takt 127: fehlen in der 1. Oboenstimme die Triller, in der Solostimme das ♭ vor dem 4. Sechzehntel (as).

Takt 129 und 131: fehlen die Bogen in der 2. Violinstimme.

Takt 134: fehlt der Legato-Bogen über f—fis in der Solostimme.

Takt 135: sind die Vorschläge in den beiden Violinstimmen als durchstrichene Achtel notiert.

Takt 136: fehlt der Legato-Bogen über g—es in der 2. Violinstimme.

Takt 138, 139 und 140: fehlen die Stakkato-Punkte in der Solostimme.

Takt 147: fehlt der Auflöser vor dem f in der Solostimme.

Takt 149: stehen die Punkte nur über den letzten 4 Achteln. Die beiden Oboenstimmen sind verdruckt:

 statt 

Takt 152: steht das *f* schon beim 1. Viertel in der 2. Violinstimme; in der 1. Oboenstimme fehlt es ganz.

Takt 158: ist in der Violastimme verdruckt: es  statt f 

Ebenso ist die Solostimme verdruckt:

 statt 

Takt 167: wie in Takt 22 sind hier in den beiden Violin- und beiden Oboenstimmen die Vorschläge als durchstrichene Achtel notiert.

Takt 170: ist das 2. Viertel in der 2. Violinstimme verdruckt: 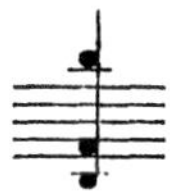

2. Satz.

Takt 3: ist in den beiden Oboenstimmen anders phrasiert:

(vgl. dagegen aber Takt 301). In der 2. Hornstimme fehlt der Verbindungsbogen c—c, und in den Baßstimmen der von f—f.

Takt 7: fehlen die Stakkato-Punkte auf dem 3. und 4. Sechzehntel in der 1. Violinstimme.

Takt 10: fehlen die Stakkato-Punkte auf dem 2. Viertel in beiden Violinstimmen. In der Viola- und den Baßstimmen steht das *f* schon beim Eintritt des 3. Viertels (a, bzw. f), nicht erst beim fis. Vgl. aber Takt 33. Außerdem erstreckt sich der Legato-Bogen in den Baßstimmen über die 4 letzten Noten.

Takt 12: fehlt der Bogen über c—h der 2. Violinstimme, desgleichen der über h—c in den Baßstimmen.

Takt 14: die Phrasierung lautet in der 1. Violinstimme und in der 1. Oboenstimme:  während die 2. Violinstimme und die 2. Oboenstimme mit der Phrasierung des Solofagotts und der 1. Violinstimme des vorhergehenden Taktes und in Takt 39 übereinstimmen.

Takt 16: fehlt der erste Legato-Bogen in der 1. Violinstimme, ebenso der Verbindungsbogen von h—c in der Violastimme.

Takt 20: steht das *f* in den Baßstimmen erst beim 4. Viertel; in der 2. Violinstimme fehlen die Bogen; in der 1. Hornstimme fehlt der Bindebogen.

Takt 23: steht der Legato-Bogen irrtümlich in der Violastimme über den drei ersten Sechzehnteln: 

Takt 25: fehlt in der Violastimme der Bogen im letzten Viertel.

Takt 26: steht über dem 2. Viertel in der 1. Violinstimme irrtümlich ein Bogen:

Takt 33: Hier steht das *f* richtig erst vor dem fis in Viola und Baßstimmen (vgl. Takt 10!). Der Legato-Bogen in den Baßstimmen aber ist auch hier irrtümlich über die letzten 4 Achtel ausgedehnt.

Takt 34: phrasiert die 1. Violinstimme anders, nämlich:

Takt 36: fehlt der Stakkatopunkt über dem zweiten d in der 1. Violinstimme.

Takt 38: lautet in der Solostimme das 3. Viertel fälschlich:

Takt 41 und 42 fehlt in der Solostimme der Bogen über dem 2. Viertel.

Takt 47 ist das 2. Viertel ganz verdruckt:

Takt 48: fehlt das *f* in beiden Oboen- und beiden Hornstimmen.

Takt 51: steht das *p* schon vor dem 1. Viertel in der 1. Violinstimme.

3. Satz.

Takt 2: ist in der 2. Oboenstimme anders phrasiert:

Takt 6: Die Bogenbezeichnung ist in der 2. Oboe, im Solofagott, in der 2. Violine und in den Baßstimmen ganz unkonsequent. Der Bogen steht in der 2. Oboe und 2. Violine an allen diesen Stellen (Takt 2, 6, 14, 18, 52, 56, 82, 86, 139 und 143); im Solofagott und in den Baßstimmen wechselt es beständig (der Bogen steht in Takt 2, 14, 52 und 82, aber nicht in 6, 18, 56, 86, 139 und 143).

Takt 8: in der Solostimme auf dem 3. Viertel eine Fermate: 𝄐

Takt 8—9: in der 1. Oboenstimme ist das Repetitionszeichen beiderseitig:

Takt 20: schreibt die Gesamtausgabe für das 2. Horn g statt (wie sonst überall) e.

Takt 21: fehlt die Bezeichnung der Triolen in der Solostimme.

Takt 24: steht über der Triole ein Bogen, der aber kaum ein legato andeuten soll. Die Triolenbezeichnungen fehlen sonst in allen Streicher-Stimmen, ebenso in Takt 28.

Takt 35: steht in der 1. Violinstimme ein Bogen über den 4 Sechzehnteln:

Takt 35 und 36: die beiden Takte

der 1. Oboe fehlen in der Partitur der Gesamtausgabe.

Takt 36: fehlen in der ersten Violinstimme die Stakkato-Punkte über den beiden b.

Takt 44: fehlt in der Violastimme der Bogen über dem letzten Viertel. In den Baßstimmen ist notiert:

und dazu ein sinnloses *f*.

Takt 45: fehlen in der Solostimme die Triolenbezeichnungen, ebenso in Takt 97.

Takt 45: das *p* steht in der 2. Violinstimme erst beim 3. Viertel.

Takt 46—47: fehlt der Bogen von h zu c in den Baßstimmen.

Takt 51: fehlt das *f* in beiden Violin- und beiden Oboenstimmen, sowie in der Solostimme.

Takt 59: fehlt das *p* in beiden Violinstimmen und in der Violastimme.

Takt 66: fehlt das Kreuz vor dem f in der 1. Violinstimme.

Takt 71: steht der Bogen in der 2. Violinstimme über den beiden letzten Noten: 

Takt 81: fehlt das *f* in den beiden Violinstimmen und den beiden Oboenstimmen. In der Violastimme ist die erste Note hier f statt d:

Takt 87: fehlt in der 1. Oboenstimme der Bogen über dem ersten Viertel.

Takt 92: phrasiert die Violastimme so:

Takt 106: fehlt in der Solostimme die Fermate: 𝄐

Takt 108: fehlt in der Violastimme der Bogen über a—f.

Takt 115: fehlt in der 1. Violinstimme der Bogen über c—h.

Takt 117: fehlt in der 1. Violinstimme der Bogen über d—cis.

Takt 120: fehlt in der Violastimme der Bogen über g—f.

Takt 125: Hier steht in den beiden Violinstimmen und im Solofagott ein Bogen über den beiden letzten Viertelnoten — im Gegensatz zu Takt 7, 19, 57 und 87; in Takt 144 sind — an analoger Stelle — in der 1. Violinstimme sogar Stakkato-Punkte eingezeichnet.

Takt 126, 127 und 128: fehlt in der 1. Violinstimme der Bogen über dem 3. Viertel.

Takt 129—130: fehlt in der Solostimme der Bindebogen.

Takt 131: ist in den Baßstimmen verdruckt:

 statt 

In der Solostimme fehlt der Auflöser vor dem ersten b (vgl. aber Takt 134 und 135!)

Victor Junk.

Concerto

I

W. A. Mozart
1756–1791
Köchel-Verzeichnis Nº 191

E. E. 5813
Ernst Eulenburg Ltd.

10
Ob.
Cor.
(B)
Fag.
pr.
Vl.
Vla.
Vcl.
e Cb.
a 2
tr

20
Ob.
Cor.
(B)
Fag.
pr.
Vl.
Vla.
Vcl.
e Cb.
a 2
fp
f
p

Ob.
Cor. (B)
Fag. pr.
Vl.
Vla.
Vcl. e Cb.
30
p
f
SOLO

Fag. pr.
Vl.
Vla.
Vcl. e Cb.
40
Ob.
Cor. (B)
50
tr
f
p

Fag. pr.
Vl.
Vla.
Vcl. e Cb.
Ob.
Cor. (B)
tr
a 2
f
p
60

Fag. pr.
Vl.
Vla.
Vcl. e Cb.
70
TUTTI
Ob.
Cor. (B)
ossia
cresc.

80
SOLO
Ob.
Cor. (B)
a 2
Fag. pr.
Vl.
Vla.
Vcl. e Cb.
p
f

Ob.
Fag. pr.
Vl.
Vla.
Vcl. e Cb.
90

TUTTI
100
Ob.
Cor.
(B)
Fag.
pr.
Vl.
Vla.
Vcl.
e Cb.
a 2
SOLO

110
SOLO
Ob.
Cor.
(B)
Fag.
pr.
Vl.
Vla.
Vcl.
e Cb.
120

Cor. B
Fag. pr.
Vl.
Vla.
Vcl. e Cb.
f
p
tr
Ob.
130
a 2

140
Ob.
Cor. (B)
Fag. pr.
Vl.
Vla.
Vcl. e Cb.
f
p
tr

150
Ob.
Cor. (B)
Fag. pr.
Vl.
Vla.
Vcl. e Cb.
tr
cresc.
TUTTI

Ob.
Cor. (B)
Fag. pr.
Vl.
Vla.
Vcl. e Cb.
160
TUTTI

Ob.
Cor. (B)
Fag. pr.
Vl.
Vla.
Vcl. e Cb.
tr
a 2
fp
f
170

II

Andante ma Adagio
TUTTI
2 Oboi
2 Corni in F
Fagotto principale
con sordini
Violino
I
II
Viola
Violoncello e Contrabasso
Ob.
Cor. (F)
Fag. pr.
Vl.
Vla.
Vcl. e Cb.

SOLO
Ob.
Cor.
(F)
Fag.
pr.
Vl.
Vla.
Vcl.
e Cb.
10
tr

Ob.
Cor.
(F)
Fag.
pr.
Vl.
Vla.
Vcl.
e Cb.
Ob.
Fag.
pr.
p
Vl.
Vla.
Vcl.
e Cb.

20
Ob.
Cor.
(F)
Fag.
pr.
Vl.
Vla.
Vcl.
e Cb.
p
f
p
Ob.
Cor.
(F)
Fag.
pr.
Vl.
Vla.
Vcl.
e Cb.
p
p

Ob.
Cor. (F)
Fag. pr.
Vl.
Vla.
Vcl. e Cb.
30
p
p

Fag. pr.
Vl.
Vla.
Vcl. e Cb.
f
p
cresc.
Ob.
Fag. pr.
Vl.
Vla.
Vcl. e Cb.
fp
cresc.
tr
p
Ob.
Fag. pr.
Vl.
Vla.
Vcl. e Cb.

40
Ob.
Cor.
(F)
p
Fag.
pr.
tr
Vl.
Vla.
Vcl.
e Cb.
Fag.
pr.
tr
Vl.
Vla.
Vcl.
e Cb.

Ob.
Cor.
(F)
Fag.
pr.
Vl.
Vla.
Vcl.
e Cb.
50
f
p

III

Rondo

Tempo di Menuetto

20
SOLO
Ob.
Cor. (B)
Fag. pr.
Vl.
Vla.
Vcl. e Cb.
p
tr
30

Ob.
Fag. pr.
Vl.
Vla.
Vcl. e Cb.
1.
p
tr
40
3
Fag. pr.
Vl.
Vla.
Vcl e Cb.

50
TUTTI
Ob.
Cor.
(B)
Fag.
pr.
Vl.
Vla.
Vcl.
e Cb.
f
SOLO
60
tr
p
fp

Fag. pr.
Vl.
Vla.
Vcl. e Cb.
fp
70
80

TUTTI
Ob.
Cor. (B)
Fag. pr.
Vl.
Vla.
Vel. e Cb.
f
SOLO
90
p
tr

E. E. 5813

Ob.
Fag. pr.
Vl.
Vla.
Vcl. e Cb.
p
120
tr

130
Fag. pr.
Vl.
Vla.
Vcl. e Cb.
Ob.
Cor. (B)
Fag. pr.
Vl.
Vla.
Vcl. e Cb.
TUTTI
cresc.

140
Ob.
Cor.
(B)
Fag.
pr.
Vl.
Vla.
Vcl.
e Cb.
150
Ob.
Cor.
(B)
Fag.
pr.
Vl.
Vla.
Vcl.
e Cb.